Helma Helman

Der fröhliche Tiergarten

A. Weichert-Verlag

Hannover-Berlin

Inhalt

Schniffel hat gelogen	7
Schnäbli	14
Der kleine und der große Bär	21
Die beleidigte Katze	31
Spitzmaul und Kugelrund auf Reisen	37
Das Zebra hat die Zeit verschlafen	47
Häschen Stummel hat Glück	53

ISBN 3-483-00126-3

Gestaltung: Walter Kellermann
Sämtliche Verlagsrechte vorbehalten
Printed in Germany © A. Weichert Verlag 1967
Druck: J. Weichert Berlin

Schniffel hat gelogen

Die Giraffenmutti war krank. Sie mußte sich erkältet haben. Der lange Hals schmerzte und kratzte. Wie sie ihn auch wendete und drehte, immer tat er weh. Und außerdem hatte die Giraffenmutti sich den Magen verdorben.

"Schniffel", stöhnte sie, "wo steckst du denn wieder?"

Schniffel, der pfiffige kleine Giraffenjunge, versuchte gerade mit seinem Freund Langhals, von der Spitze einer hohen Palme ein Blatt abzupflücken. Keinem von ihnen wollte es gelingen. Immer war der Hals doch noch nicht lang genug.

"Schniffel!" rief die Mutter noch einmal. Da gehorchte er endlich und steckte den schmalen Kopf ins Krankenzimmer. Mutter Giraffe richtete sich mühsam von ihrem Lager auf. Mit heiserer Stimme bat sie: "Mein Sohn, spring flink in die Urwald-

Apotheke und hole sechs Pfund gemahlene Eukalyptusblätter; die werden mir ganz gewiß helfen." O weh! Die Halsschmerzen verschlimmerten sich von einer Minute zur anderen, gerade als hätte sie versehentlich eine Bürste verschluckt.

Schniffel verzog das Gesicht. Ausgerechnet jetzt sollte er den weiten Weg zur Urwald-Apotheke machen! Schniffel überlegte: ach, gewiß war die Mutter gar nicht so krank wie sie sagte. Wahrscheinlich übertrieb sie genauso wie er selber, wenn ihn einmal ein Wehwehchen plagte. Plötzlich fiel ihm etwas ein. Sein Gesicht strahlte wieder. „Ja", rief er der Mutter zu, „ich bin bald wieder da!" Und fort war er.

Die kranke Giraffenmutti legte sich auf die andere Seite und versuchte ein wenig zu schlummern. Aber die Schmerzen waren zu groß.. Ach, wenn Schniffel sich doch beeilen wollte!" seufzte sie. Endlich kam er wieder. Aber ohne die Medizin.

„Eukalyptusblätter sind ausverkauft!" sagte er mit Unschuldsmiene. Doch er konnte der Mutter dabei nicht in die Augen sehen.

„Ist das auch wahr?" fragte die Mutter und schaute ihren Jungen forschend an. Schniffel wollte antworten, aber das Wort blieb ihm im Halse stecken. Er bekam plötzlich keinen Ton mehr heraus. Aufgeregt nickte er nur. Die Mutter las ihm von der Stirn ab, daß er gar nicht zur Urwald-Apotheke gelaufen war, sondern während der ganzen Zeit mit

Langhals herumgetollt hatte.

„Schniffel", mahnte sie, „wer seine Mutter belügt, wird vom Schicksal hart bestraft. Er verliert die Sprache, damit niemals mehr

eine Lüge über seine Lippen kommt. Wenn du aber jetzt die Wahrheit sagst, dann soll alles wieder gut sein."

Schniffel schluckte heftig.

„Und ich war doch in der Apotheke!" wiederholte er mit weinerlicher Stimme.

Dies waren seine letzten Worte. Seitdem konnte er nicht mehr sprechen, so große Anstrengungen er auch machte. Und was das Seltsame an der Geschichte ist: Seit dieser Zeit sind alle Giraffen stumm. Kein einziges Wort können sie mehr sagen. Schuld an allem ist nur Schniffel.

Schnäbli

Es war einmal eine kleine Ente
namens Schnäbli. Sie war sehr
jung und unerfahren und ganz
besonders neugierig. Sie wohnte
mit ihren Eltern und Geschwistern

an einem blauen See im Zoologischen Garten. Dort, wo ein Maschendraht den See von den übrigen Tiergehegen trennte, war für sie die Welt zu Ende. Oder dort sollte sie zu Ende sein.

Aber Schnäbli war eben sehr neugierig. Und der Drahtzaun hatte an einer Stelle ein Loch. Schnäbli schlüpfte in einem unbewachten Augenblick geschwind hindurch und spazierte munter drauflos.

„Seht einmal die kleine Ente dort, die ist sicher von zu Hause fortgelaufen!" riefen einige Kinder. Schnäbli kümmerte sich nicht darum. Es gab für sie so viel zu sehen, sie kam aus dem Staunen nicht heraus.

Zuerst wollte Schnäbli die Affen begrüßen. Aber die antworteten überhaupt nicht. „Ich bin doch Schnäbli und möchte mich ein wenig mit euch unterhalten", sagte die kleine Ente.

Da drehten ihr die Affen den Rücken zu. So etwas Hochnäsiges!

Die Esel, Kamele und Schafe benahmen sich dagegen viel freundlicher, und die Kaninchen luden Schnäbli sogar zum Schmaus ein. Es gab Kohlblätter. Leider! Die mochte die kleine Ente nämlich nicht besonders gern. Deshalb sagte sie, sie habe schon zu Mittag gegessen, und schlenderte weiter.

Ganz plötzlich wurde es dunkel. Es war Abend geworden.
Ich werde bei den Elefanten übernachten und morgen früh nach Hause gehen, wenn die Sonne wieder scheint, überlegte Schnäbli. Aber die Elefanten sagten nur mit erhobenem Rüssel: „Bei uns ist es für dich zu gefährlich. Wenn wir uns im Schlaf einmal auf die an-

dere Seite drehen, könnten wir dich erdrücken."

Dasselbe sagte das Flußpferd Emmi, und die Löwen fragte Schnäbli gar nicht erst. Wer weiß, was die für eine Ausrede finden würden!

Schnäbli kamen die Tränen, als sie so verlassen auf dem Weg stand.

„Irgendwo muß ich aber doch übernachten, denn im Dunkeln finde ich ja nicht nach Hause", weinte sie.

Nur einer empfand Mitleid mit der kleinen Ente. Das war der gutmütige Mond. „Komm, folge meinen Strahlen, ich leuchte dir nach Hause", sagte er väterlich. Schnäbli atmete erleichtert auf und gelangte nun sicher heim.

Die Geschichte ist aber noch nicht zu Ende. Der Mond bekam nämlich am nächsten Tag eine lange Strafpredigt von Petrus zu hören. Ohne Erlaubnis durfte er sich sonst keinen Zentimeter von seinem Himmelsplatz fortbewegen. Weil er es doch getan hatte, um

Schnäbli nicht im Dunkeln stehen zu lassen, wurde er nun ausgescholten und obendrein bestraft. Von nun an muß er jeden, Mensch und Tier, nachts auf seinem Weg begleiten, tausend Jahre lang. Noch sind die tausend Jahre nicht um. Der Mond läuft noch immer. Wenn er manchmal etwas zurückbleibt, dann liegt das daran, daß er schon ein wenig müde ist und ihm manchmal die Luft ausgeht. Er ist ja auch nicht mehr der Jüngste.

Der kleine und der große Bär

Sie wohnten im tiefen, tiefen Wald in einem alten, hohlen Baumstamm: Mama Bär und ihr Bärenkind. Sie waren zwei besonders liebe und zutrauliche

Bären. Niemals taten sie jemand etwas zuleide. Deshalb mußten sie oft den Spott der anderen Tiere über sich ergehen lassen. Die Löwen und Krokodile lachten den großen und den kleinen Bären aus, weil sie gar so redlich lebten und nicht einmal einer Fliege ein Bein ausrissen.

Doch die beiden Bären machten sich nichts aus dem Gelächter der anderen, und deshalb kam eines Nachts auch die gute Fee zu ihnen. Sie schenkte jedem von ihnen drei Wünsche.

Neunundneunzig Tage und neunundneunzig Minuten lang überlegten sie. Schließlich kamen sie überein, zunächst einmal eine Reise um die Erde zu machen. Kaum hatten sie diese Bitte ausgesprochen, da stand schon eine prächtige Kutsche vor ihnen.

Sie wurde von zwei Schimmeln gezogen. Auf dem Kutschbock saß ein fröhliches Äffchen mit einer Zuckertüte auf dem Kopf, die rosarot im

Morgenlicht leuchtete.

Dann ging die Reise los. Hui, wie flogen sie dahin! Das Äffchen hielt mit der einen Hand seinen rosaroten Zuckerhut fest, während es mit der anderen die Schimmel lenkte.

Wo es ihnen gefiel, da blieben der kleine und der große Bär ein paar Tage. Sie hatten ja viel Zeit. Als sie eines Morgens ans unendliche Meer gelangten, fragte der Affe mit dem rosaroten Zuckertütenhut: „Wollt ihr hinüber übers Meer?" Der kleine Bär patschte aufgeregt in seine Tatzen, und die Mama nickte den Takt dazu.

Aber sie brauchten nicht etwa in ein Schiff umzusteigen. O nein!

Es kam ganz anders. Eine Wolke, so rosarot wie des Äffchens Zuckerhut, senkte sich langsam herab und schob sich behutsam unter das Schimmelgefährt. Auf ihr segelten sie über das Wasser.

War das ein Leben! Der Himmel strahlte so blau wie nie zuvor.

Die Sonne lachte auf die Reisegesellschaft hinunter. Als die Kutsche gerade mitten über dem Meer dahinschwebte, seufzte der kleine Bär: "Mutter Bär, ich möchte so gern in den Himmel fliegen, du auch?" Mutter Bär meinte, das sei keine schlechte Idee. Kaum hatte sie zustimmend gebrummt, da wurde ihnen auch dieser zweite Wunsch erfüllt: Die Wolke erhob sich hoch in die Lüfte und setzte die Kutsche nach einer langen Fahrt auf der goldenen Himmelsstraße vorsichtig ab.

Ein lieblich anzuschauendes Engelein setzte sich neben den Affen, blinzelte zunächst ein wenig erstaunt auf den rosaroten Zuckertütenhut und übernahm dann die Führung. Der kleine und der grosse Bär fassten sich lieb an den Händen und bewunderten die himmlische Pracht. Goldene und silberne Paläste, aus denen Englein fröhlich winkten, säumten die Himmelsstrasse.

Mit einem Male tauchte eine Gestalt vor ihnen auf. Es war eine Frau, so schön, wie man sich gar nicht vorstellen kann. Ihre blauen Augen leuchteten wie Edelsteine in ihrem freundlichen Gesicht. Um die Schultern trug sie einen weiten, dunkelblauen Mantel, der ihr bis auf die Füsse reichte.

Der Engel auf dem Kutschbock drehte sich zu den beiden Bären um und flüsterte: „Das ist die Königin der Nacht." Im gleichen Augenblick breitete die schöne Frau ihren blauen Mantel aus.

Der Himmel verfärbte sich, er wurde dunkler und dunkler. Nur die Sterne und der Mond waren noch zu sehen.

Sie blinzelte dem kleinen und dem großen Bären schelmisch zu.

Das Äffchen machte Kulleraugen und staunte gar sehr über all die Herrlichkeit. Vor lauter Schauen vergaß es, seinen Hut festzuhalten, und die rosarote Zuckertüte purzelte plötzlich von seinem Kopf in die dunkle Nacht. Der Schimmel, die beiden Bären, das Äffchen und das Engelein sahen ihr erschrocken nach. Vom Mondlicht angestrahlt, leuchtete der Tütenhut rosarot in der Nacht. Dann blieb er an der Zacke eines Sternes hängen. Das Äffchen war ein wenig traurig. Es tröstete sich aber, als das Engelein ihm einen neuen Zuckerhut versprach.

Es war alles so wunderbar, daß der kleine und der große Bär wie aus einem Munde baten: „Oh, hier möchten wir wohl für immer bleiben!" Nun hatten sie auch den dritten Wunsch ausgesprochen. Er ging gleich in Erfüllung. Als Sternbilder funkeln der kleine und der große Bär noch heute am nächtlichen Himmel...

Die beleidigte Katze

Vor langer Zeit, als die Menschen noch in Höhlen lebten und als alle Tiere gut Freund miteinander waren, da geschah es eines Tages, daß der König der Tiere, der mächtige Löwe, eine große Versammlung einberief.

Wenn es damals unter den Tieren auch noch keine Feindschaften gab, so waren sie sich doch alle darüber einig, daß die Eule eine wenig nette Person sei. Immer wollte sie alles besser wissen. Fortwährend erteilte sie weise Ratschläge. Sogar dann, wenn man sie nicht darum gebeten hatte. Niemand mochte sie deshalb leiden, und die größte Beleidigung war es, wenn man jemanden „alte Eule" nannte.

Als der Löwe nun zur Versammlung rufen ließ, da verabredeten sich viele Tiere untereinander, um den Weg zum Versammlungsplatz gemeinsam zu gehen, und so fragte der Hund die Katze, ob er sie begleiten dürfe. Freudestrahlend sagte sie zu, denn seit langem hatte sie den Hund ins Herz geschlossen.

Sie hoffte insgeheim, daß er sie ebenso gut leiden möchte wie sie ihn.

„Treffen wir uns doch in einer Stunde an der hohen Eiche", schlug sie vor. Sie wollte sich erst noch recht fein herausputzen. Nun, dem Hund war es recht.

In ihrer Aufregung kam die Katze viel zu früh an den verabredeten Treffpunkt. Neugierig wie sie nun einmal war, kletterte sie auf den Baum, um nach dem Hund Ausschau zu halten. In diesem Augenblick bog der Hund schweifwedelnd um einen kleinen Hügel.

Da schreckte er zurück. Die Augen der Katze leuchteten ihm aus dem dunklen Blättergewirr entgegen. Aber er wußte ja nicht, daß seine Freundin es war, die hoch oben im Baum hockte. Er glaubte vielmehr, die Eule wolle sein Stelldichein belauschen oder ihm wieder einmal Verhaltensmaßregeln geben. Deshalb rief er verärgert hinauf: „Mach, daß du fortkommst, alte Eule, mit dir will ich nichts zu tun haben."

Ach, hätte der Hund doch nur geschwiegen! Denn natürlich bezog die Katze diese Beleidigung auf sich. Wilder Zorn packte sie. Mit einem gewaltigen Satz stürzte sie sich auf den Hund und ohrfeigte ihn. Schnell wollte dieser den Irrtum richtigstellen. Aber da geriet er an die falsche Adresse. Die beleidigte Katze glaubte ihm kein Wort.

Seither würdigt die Katze den Hund keines Blickes mehr, und wenn sie einen Hund trifft, packt sie immer wieder der Zorn. Und so ist's bis auf den heutigen Tag geblieben, bis auf ganz wenige Ausnahmen.

Spitzmaul und Kugelrund auf Reisen

Der Igelmann Spitzmaul und das Igelfräulein Kugelrund lebten vor vielen Jahren nicht weit voneinander entfernt in einem Garten hinter einem Bauernhaus.

Als sie eines Abends unter einer Hecke hockten, hörten sie, wie der Bauer zu seinem Knecht sagte: "Scher dich dahin, wo der Pfeffer wächst!"

Spitzmaul horchte auf. Er schmiedete seit langem Reisepläne. Es war ihm nur noch nicht eingefallen, wohin er wandern könnte. Jetzt hatte er eine Idee!

"Fräulein Kugelrund", sagte er feierlich, "wollen Sie mit mir dahin reisen, wo der Pfeffer wächst?"

Das Igelfräulein war auf dem rechten Ohr etwas schwerhörig, deshalb mußte er seine Frage ein paarmal wiederholen. Aber dann leuchteten ihre kleinen Äuglein auf. Natürlich wollte sie mit!

Sie trafen sogleich ihre Reisevorbereitungen. Am nächsten Abend trippelten sie los. Die ganze Nacht wanderten sie, immer der spitzen Nase des Igelmannes nach.

Gegen Morgen frühstückten sie. Anschließend rollten sie sich zu einem Nickerchen zusammen, da=

mit sie am Abend wieder frisch wären. Denn sie reisten nur bei Nacht, weil sie die Hitze am Tage nicht vertragen konnten.

Nun hatte Spitzmaul aber leider die dumme Angewohnheit, sich im Schlaf umzudrehen. Seine Nase lag am Abend dort, wo morgens sein Hinterteil gelegen hatte.

Als er am Abend erwachte, zeigte seine Nase also genau in die falsche Richtung. So geschah es, daß sie den Weg, den sie gekommen waren, in der zweiten Nacht wieder zurücktrippelten.

Spitzmaul war von frühester Jugend an kurzsichtig und merkte also nichts. Kugelrund kam die

Gegend zwar seltsam bekannt vor, doch sie vertraute sich ihrem Reisegefährten an und machte sich weiter keine Gedanken.

In der zweiten Nacht ihrer Wanderung nach dem Land, wo der Pfeffer wächst, gelangten sie bis kurz vor den Garten, in dem sie zu Hause waren. In der dritten Nacht wanderten sie wieder in die andere Richtung. So ging es Nacht um Nacht.

Die Füße schmerzten den beiden Reiselustigen schon sehr, aber noch immer waren sie nicht da, wo der Pfeffer wächst. Kugelrund hatte fast ein Pfund abgenommen von den vielen Anstrengungen. Aber jetzt aufgeben, wo sie dem Ziel ganz nah sein mußten? Nie und nimmer!

„Heute müssen wir aber endlich hinkommen", meinte Spitzmaul zuversichtlich in der dreizehnten Nacht. Kugelrund konnte vor Erschöpfung nicht einmal mehr piepen. Spitzmaul schob die arme Igelin mit der Nase vor sich her, so schwach war sie. Dennoch hielten sie tapfer bis zum Morgen durch.

Als es hell wurde und sie sich in der Gegend umschauten, standen sie ... vor Spitzmauls

Gartenwohnung! Vor lauter Entsetzen sträubten sich ihnen die Haare und erstarrten im selben Augenblick zu harten Stacheln. Spitzmaul fiel gebrochen in sein Laubbett. Kugelrund schlief im Stehen neben ihm ein. Erst im nächsten Frühjahr wachten sie wieder auf und rieben sich verdutzt die Augen. Statt ihres weichen Fells hatten sie nun lauter spitze Stacheln. Sie schworen sich, nie mehr zu verreisen, und gründeten eine Familie.

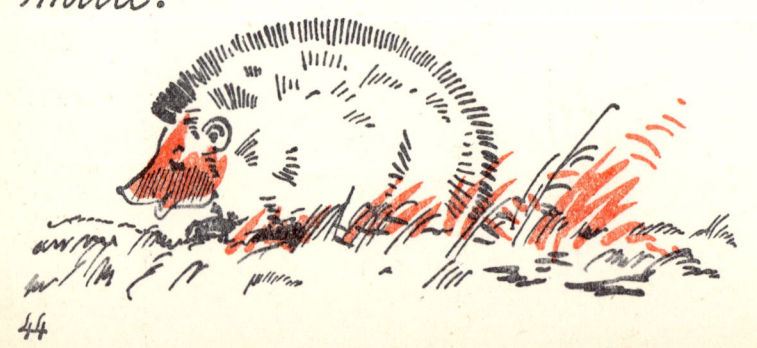

Bald lagen sieben kleine Igel=
kinder eng aneinandergeschmiegt
in der Wiege.

Noch haben sie ein sammetwei=
ches Fellchen. Vier Wochen später
jedoch wuchsen ihnen ebenfalls
spitze Stacheln. So ist es auch
heute noch! Wenn die kleinen

Igelkinder vier Wochen alt sind, bekommen sie ihr Stachelkleid. Und auch vom Verreisen halten sie nicht viel. Denn wahrscheinlich würde es ihnen ebenso ergehen wie ihren Vorfahren Spitzmaul und Kugelrund. Deshalb bleiben sie lieber gleich zu Hause.

Das Zebra
hat die Zeit verschlafen

Lang, lang ist es her. Da trugen alle Tiere das gleiche Kleid aus weichem, weißem Flaum. Aber als die Zahl der Löwen und Bären, der Pferde, der Elefanten

und der Ziegen immer größer
wurde, erkannten die Klügsten
unter ihnen, daß es so nun nicht
mehr weitergehen konnte. Fast jeden Tag kamen nämlich sehr
lustige, aber auch sehr traurige
Verwechslungen vor. Das Nashorn
beschwerte sich zuerst beim Ober-
sten Rat der Tiere. Ein Storch hatte es versehentlich für einen Och-
sen gehalten. Und zu einem Pferd
hatte jemand gar „Esel" gesagt.
Und ein Hirsch war mit einem
Kamel verwechselt worden.

    Da beschlossen alle Tiere, sich
neue Kleider machen zu lassen.

    Alles war aufs beste vorbereitet.
Riesige Federberge lagen bereit,
ebenso große Mengen verschiedener

Felle und viele, viele Farbtöpfe.

Die Vögel kamen zuerst an die Reihe. Sie ließen sich ein neues Federkleid anmessen. Manche Tiere suchten sich ein glattes Fell aus.

Anderen gefiel ein haariges oder ein rauhes besser. Man drängelte und schubste, man meckerte, quietschte, zischte und spuckte —

jedes nach seiner Art.

Im Handumdrehen war der Farbvorrat zusammengeschrumpft. Nur ein winziger Rest schwarzer Farbe klebte noch am Boden eines der großen Farbtöpfe. Just in diesem Augenblick trottete das Zebra heran. Es hatte die Zeit der neuen Einkleidung verschlafen. Nun kam es zu spät!

„Was machen wir denn mit dir?" fragten die Spatzen im Chor.

„Ach, macht euch keine Gedanken", gähnte das Zebra mit einem Blick auf die leeren Farbtöpfe. „Ich bleibe einfach so weiß wie ich bin."

Aber dagegen protestierte wiehernd der Schimmel, der sich

ausgebeten hatte, ganz allein weiß und glatt zu bleiben. „Laß dich doch schwarz anpinseln!" riefen einige Tiere, und dem Zebra war es recht.

Die schwarze Farbe aber reichte nicht mehr aus, um den verschlafenen Nachzügler über und über zu bemalen. Hin und her überlegten die Tiere, wie sie den Farbrest am besten anbringen können.

„Macht ihm Punkte!" riefen die einen.

„Zweieinhalb große Flecken auf den Rücken", sagten die anderen.

„Wie wäre es mit Streifen?" piepste die kleine graue Maus.

Der Schimmel wieherte laut. Das war doch ein zu komischer

und zu lustiger Vorschlag.

Alle Tiere fielen in sein Lachen ein und machten sich über das gähnende Zebra lustig. Obwohl es sich heftig wehrte — denn Punkte wären ihm viel lieber gewesen! — mußte es sich schwarze Streifen aufpinseln lassen. Das hatte es nun von seinem Zuspätkommen.

Häschen Stummel hat Glück

Stummel war leider kein Sonntagskind. Als Jüngster von vier Hasenbrüdern kam er immer zu kurz. Er war auch ein bißchen schlafmützig. Seine Geschwister waren einfach viel, viel flinker als er. Gab es zum Beispiel Häschens Lieblingsgericht Petersilie zum Abendessen, dann war die Schüssel meist schon leergeputzt, ehe Stummel überhaupt mit Knabbern begonnen hatte.

Als Stummel fünfzehn Monate alt war und damit zu den erwachsenen Hasen zählte, durfte er erstmals bei dem großen Märzball der Hasen dabeisein. Aber ach, seine Brüder holten ihm die niedlichsten Tänzerinnen vor der Nase weg und lachten ihn obendrein noch aus.

„Du wirst es niemals zu etwas bringen, wenn du nicht flinker und endlich ein richtiger Hase wirst", seufzte Stummels Mutter betrübt, "gib nur acht auf den roten Fuchs, daß er dir nicht Beine macht!"

Aber Stummel liebte nun einmal die Gemütlichkeit. Während seine Brüder tagsüber in dem ausgetrockneten Graben am Waldrand tollten und sich mit Hasche-Spielen und "Wer kann am längsten auf den Hinterläufen stehen?" vergnügten, lag Stummel ausgestreckt in einem schützenden Gebüsch und ließ sich von den Sonnenstrahlen streicheln. Seine langen Löffel hatte er zu einem Kopfkissen gefaltet, und im übrigen dachte er angestrengt darüber nach, wie er es trotz seinem

Hang zur Bequemlichkeit zu etwas bringen könnte.

Stummels Brüder suchten sich der Reihe nach eine Hasenfrau und gründeten eine Familie.

Stummel hielt lange vergeblich nach einer Braut Ausschau. Das Hasenfräulein Spitzohr wies seinen Antrag hochmütig zurück.

„Du bist mir viel zu langsam", schalt sie ihn,, ich wünsche mir einen flinken Hasenmann, bei dem es jeden Tag Krautblätter mit Petersilie zu knabbern gibt." Eilig hoppelte sie davon, ohne sich noch einmal umzudrehen.

Das erfüllte Stummel mit Traurigkeit. Er war ja im Grunde ein sehr lieber Bursche, nur eben ein bißchen bequem. Als die Sonne eines Tages die Zeit verschlief und noch zur Mittagszeit, bis an die Nasenspitze zugedeckt, unter ihrer Wolkendecke lag, und als ein peitschender Regenguß Stummel aus seinem Versteck vertrieb, da raffte er sich auf und wanderte kreuz und quer durchs Hasenreich auf der Suche nach einer Hasenfrau. "Keiner soll mehr über mich lachen", sagte er zu sich selber, "wartet nur, ich kehre mit der schönsten Hasendame heim."

Eines Abends geriet Stummel auf seiner Wanderung unversehens mitten in ein Fest hinein. Man feierte den Geburtstag des Hasenkönigs Lampe des Großen. Jeder war eingeladen und durfte von den Herrlichkeiten naschen, die des Königs Köche auf der im ersten Grün duftenden Wiese angerichtet hatten: regenfeuchter Rüben- und Krautsalat, Kleekuchen und natürlich Berge von frischer zartester Petersilie. Stummels Herz

pochte vor Freude laut. Lange hatte er nicht so festlich geschmaust.
Nach dem Essen wurde getanzt. Da kam ein zierliches Hasenfräulein des Wegs. „Darf ich bitten?" fragte Stummel mutig.

Das Hasenfräulein nickte. Ganz zart hielt Stummel seine zierliche

Tänzerin an den Läufen und wiegte sich mit ihr nach der Musik der Singvögel.

Als die letzte Weise zwischen den Birken verklungen war, fragte Stummel seine Tänzerin, ob sie seine liebe Frau werden wolle. Das Hasenfräulein nickte froh, aber plötzlich verdunkelte sich ihr Gesicht. „Ach, ich bin noch viel zu jung", meinte sie, „erst in zwei Monaten darf ich Hochzeit feiern, so will es mein Vater."

Nun gut, dann wollten sie eben solange warten, meinte Stummel. Als er zufällig zu Boden blickte, sah er ein blaues Blümelein. „Ich habe es", meinte er, „heute in zwei Monaten wollen wir uns hier bei

dieser kleinen Blume wiedertreffen."
Zum Abschied küßte er das Hasenfräulein ganz zart aufs Ohr und sagte: "Vergiß mich nicht!" Dann ging jeder seines Wegs.

Die beiden hielten ihr Versprechen. Als sie sich bei dem blauen Blümelein wiedersahen, sagte das Hasenfräulein, daß sie die Tochter des Hasenkönigs sei.

Am Königshof war schon alles für die Hochzeit vorbereitet. Auch Stummels Eltern und Geschwister waren an den Königshof geholt. Wie staunten sie, als sie Stummel an der Seite der lieblichen Prinzessin wiedersahen. Nun hat er es sogar zum König gebracht!" riefen sie. Denn König

Lampe der Große dankte noch am selben Tage ab und hob seinen Schwiegersohn als Stummel den Ersten auf den Thron aus immerfrischer Petersilie.

In der Mitte der Hochzeitstafel aber blüte in einer silbernen Vase das blaue Blümelein. "Wie heißt diese Blume denn?" fragte jemand.

Und Prinzessin Lämpchen lächelte:

"Sie hat noch keinen Namen. Wir wollen sie Vergißmeinnicht nennen."

Ende